COLLECTION W. H.

ESTAMPES

MARS 1893

Mᵉ MAURICE DELESTRE
COMMISSAIRE-PRISEUR
rue Drouot, 27.

M. JULES BOUILLON
Marchand d'estampes de la Biblioth. nationale
rue des Saints-Pères, 3.

CATALOGUE

DES

ESTAMPES

DES

ÉCOLES FRANÇAISE ET ANGLAISE DU XVIIIe SIÈCLE

CATALOGUE

ESTAMPES

DES

ÉCOLES FRANÇAISE ET ANGLAISE

DU XVIIIe SIÈCLE

Pièces imprimées en Noir et en Couleur

PORTRAITS, VIGNETTES

*Composant la belle collection de M. W. H****

DONT LA VENTE AUX ENCHÈRES PUBLIQUES AURA LIEU

HOTEL DES COMMISSAIRES-PRISEURS, RUE DROUOT, 9

SALLE N° 10

Les Lundi 27 et Mardi 28 Mars 1893

A deux heures très précises.

Par le ministère de Me **MAURICE DELESTRE**, Commissaire-Priseur,
Rue Drouot, 27,

Assisté de **M. JULES BOUILLON**, marchand d'estampes de la Bibliothèque
nationale, rue des Saints-Pères, 3.

EXPOSITION PUBLIQUE : Le Dimanche 26 mars 1893
de deux à cinq heures.

CONDITIONS DE LA VENTE

La vente sera faite au comptant.

Les acquéreurs payeront *cinq pour cent* en sus des enchères, applicables aux frais.

M. JULES BOUILLON se réserve la faculté de réunir ou de diviser les lots.

ORDRE DES VACATIONS

Lundi 27 Mars.............................. Nᵒˢ 1 à 273
Mardi 28 — .... 274 à la fin.

ALIX (P.-M.)

1 — *Saint-Aubin* (Mme), d'après Garneray. In-4 en couleur.
Très belle épreuve, remmmargée.

2 — *Viala* (Joseph-Agricol), d'après Sablet. In-4 en couleur.
Superbe épreuve.

ANONYMES

3 — La Pièce curieuse, — La Lanterne magique. — Deux
pièces rondes faisant pendants, imprimées en sanguine.
Très belles épreuves. Rares.

4 — Grand débandement de l'armée anticonstitutionnelle.
Pièce rare avec légende en bas.
Très belle épreuve. Rare.

ANSELIN (L. J.)

5 — La Belle Jardinière (Mme de Pompadour), d'après
C. Vanloo.
Très belle épreuve, marge.

AUBRY (d'après E.)

6 — La Demande acceptée, par De Launay.
Très rare épreuve à l'état d'eau-forte, avant toute lettre.

BALLONS (Pièces sur les)

ANONYMES

7 — Ascension de M. Blanchard à Nuremberg en 1787.
In-4.
Belle épreuve.

BALLONS (Pièces sur les)

ANONYMES

8b.— Dix-huitième voyage aérien fait par M. Blanchard, à
Bruxelles, le samedi 10 juin 1786.

> Belle épreuve.

9.— Expérience aérostatique faite à Versailles le 10 septembre 1783. Pièce en largeur, avec légende en bas, en
français et en allemand. *Bac. d*

> Très belle épreuve.

10.— Expérience aérostatique faite à Versailles le 19 septembre 1783. *Bac. d.*

> Bonne épreuve, coloriée.

11.— Expériences aérostatiques faites par Lunardi, en Italie
et en Espagne, en 1792 et 1793. Deux pièces.

> Belles épreuves. Rares.

12.— Globe aérostatique, construit à Versailles, et enlevé le
19 septembre 1783.

> Deux épreuves, dont une coloriée.

13.— Pièce satirique contre le duc d'Orléans, gravée à l'aqua-
tinte, avec légende en bas.

> Très belle épreuve, marge.

14.— La Plaisanterie confondue ou les intrépides voyageurs.
Cette superbe machine aérostatique s'est élevée majes-
tueusement le lundi 1er décembre 1783, au jardin des
Thuilleries. *Bac. d.*

> Très belle épreuve, coloriée.

15.— Le véritable navigateur aérien, avec légende explicative.

> Bonne épreuve, coloriée.

16.— Voyage particulier de M. Charles, le 1er décembre 1783,
— Grand effroi des habitants de Gonesse. Deux pièces.

> Belles épreuves. *Bac. d.*

BALLONS (Pièces sur les)

BERTAUX

17 — Le moment d'hilarité universelle, ou le triomphe de MM. Charles et Robert aux Tuileries, le 1er décembre 1783, — Aux incrédules de Paris. Deux pièces.

Très belles épreuves.

BLANCHON

18 — Vue perspective de la ville de Rodez, capitale du Rouergue, prise du clocher des Chartreux. In-fol. en largeur.

Belle épreuve.

BOILY (Ch.)

19 — Montgolfière la Gustave. Belle pièce en largeur, avec nombreux personnages sur le devant.

Très belle épreuve.

CHEREAU (A Paris, chez)

20 — Expérience de l'aérostat nommé la Montgolfière, faite par M. Pilatre du Rozier, à Versailles, le 23 juin 1784.

Belle épreuve, coloriée.

21 — Poisson aérostatique enlevé à Plazentia, ville d'Espagne, le 10 mars 1784.

Pièce coloriée.

COGELL (d'après)

22 — Première expérience de la machine aérostatique, nommée le Flesselle, construite à Lyon, sous la direction de M. Joseph Montgolfier, — Départ de la machine aérostatique, le 19 janvier 1784. Les deux sujets gravés sur une même planche, par Saint-Aubin.

Très belle épreuve.

DE LAUNAY (N.)

23 — Expériences aérostatiques faites par M. Montgolfier, à Versailles, le 19 septembre 1783, — Dans le jardin de la Muette, le 21 novembre 1783, et à Lyon le 19 janvier 1784. Trois pièces in-8, d'après le chevalier de Lorimier.

Belles épreuves.

BALLONS (Pièces sur les)

DIVERS

24 — La folie du jour, d'après Garneray, par Baquoy, — Expérience mémorable des sieurs Roberts, le 19 septembre 1784, — Vue de la plaine de Beuvrie près la ville de Béthune, — Expériences aérostatiques italiennes, faites par Lunardi. Cinq pièces. *Bac. Gt*

Belles épreuves.

25 — Le Petit-Maître physicien, — A New pantomime harlequine, etc. Trois pièces.

Belles épreuves.

26 — Portraits d'aéronautes : Blanchard, — Charles, — V. Lunardi, — J. de Montgolfier, — A. E. de Montgolfier, — Pilatre de Rozier. Six pièces in-8 par divers graveurs.

Belles épreuves.

ESNAULT ET RAPILLY (A Paris, chez)

27 — Machine aérostatique de MM. l'abbé Miolan et Janninet, juin 1784.

Belle épreuve.

JOUBERT (A Lyon, chez)

28 — Expérience aérostatique faite à Lyon en janvier 1784, — La sphère aérostatique ou globe volant, abandonné aux vents dans le Champ de Mars, le 27 août 1783, — Expérience aérostatique faite en Allemagne. Trois pièces.

Belles épreuves. *Am ch Bac. Gh.*

LE NOIR (A Paris, chez)

29 — Expérience de la machine aérostatique de MM. de Montgolfier, le 27 mars 1783, — Expérience de l'aérostat nommé la Montgolfière, faite par M. Pilatre du Rozier à Versailles, le 23 juin 1784. A Paris, chez Chereau. Deux pièces. *Bac. Gt*

Belles épreuves.

BALLONS (Pièces sur les)

PETIT (Simon)

30 — Expérience du parachûte, par le citoyen Garnerin, le 1er brumaire an VI. En bas, une légende et son portrait.

Très belle épreuve, marge.

PREVOST

31 — Seconds voyageurs aériens, ou expérience de MM. Charles et Robert, faite à Paris, dans le parterre du jardin royal des Tuileries, le 1er décembre 1783. *Bac. d.*

Très belle épreuve.

32 — Autre pièce sur le même sujet. In-8 en hauteur.

Belle épreuve.

SERGENT (A. F.)

33 — Vue du Palais-Royal, d'après Maréchal. Jolie pièce imprimée en bistre. *f. Bac. a*

Très belle épreuve avec marge. Rare.

VACHEZ (A Paris, chez)

34 — La Montgolfière Marie-Antoinette. Deuxième expérience faite à Versailles dans la cour des Ministres, par M. Pilatre des Rosiers. In-8.

Très belle épreuve.

35 — Expériences aérostatiques faites par MM. Charles et Robert, le 19 septembre 1784, et par M. Montgolfier à la Muette, le 21 novembre 1783. Trois pièces, dont deux coloriées.

WATTEAU (d'après L.)

36 — La quatorzième expérience aérostatique de M. Blanchard, accompagné du chevalier Lepinard, faite à Lille en Flandre, le 26 août 1785. Gravé par Helman. *Bac. Gt*

Très belle épreuve avant la dédicace. Grande marge.

BALLONS (Pièces sur les)

WILKINSON (R.) excudit.

37 — Grand aerostatic ballon. Ascension faite par M. Blanchard, le 16 octobre 1784, at Little Chelsea. Rare.
Très belle épreuve.

BANCE (A Paris chez)

38 — *Lafayette* (le Marquis de). Petit médaillon en couleur.
Très belle épreuve, marge.

BARBIER (d'après)

39 — Nymphe de Flore, — La Sortie du bain. Deux pièces en couleur faisant pendants, gravées par Bonnet.
Très belles épreuves.

BARTOLOZZI (F.)

40 — Cecilia, d'après Englebeart. 1783. In-8 en bistre.
Très belle épreuve, marge.

41 — Comedy, d'après Cipriani, en couleur.
Très belle épreuve.

42 — Thalia. Mrss Abington, d'après Cipriani, 1783. ——
Très belle épreuve, marge.

43 — Louisa Hammond, d'après Angelica Kauffman. 1781. In-fol. en bistre.
Très belle épreuve.

44 — Olivia and Sophia with fortune-teller. Pièce en couleur, de forme ovale.
Belle épreuve.

45 — Pax Artium Nutrix, d'après B. West.
Belle épreuve.

46 — La Source, d'après Cipriani. 1779. In-fol. en bistre, de forme ovale.
Très belle épreuve, marge.

BARTOLOZZI (F.)

47 — The Triumph of beauty and Love. — A sacrifice to cupid. Deux pièces en couleur faisant pendants, d'après Cipriani. 1798.

Très belles épreuves.

48 — Signora Allegranti, d'après R. Cosway. In-4., en bistre.

Très belle épreuve avec marge.

49 — Princesse Amélie. In-4, en couleur.

Superbe épreuve avant toute lettre.

50 — *Louis XVII*, d'après Robinson. In-8, en couleur.

Très belle épreuve, grande marge.

51 — *Provence* (la Comtesse de). — *Angoulême* (la Duchesse d'). Deux portraits in-8.

Très belles épreuves avant la lettre.

52 — *Rosalba* (la Signora), d'après elle-même. 1778. In-8, en bistre.

Très belle épreuve.

53 — *Spencer* (Georgina, Countess), d'après Gainsborough. In-8, en bistre.

Très belle épreuve avant la lettre.

54 — Titre. Six Sonates pour clavecin ou le piano-forte, d'après Cipriani.

Belle épreuve imprimée en bistre.

BASSET (A Paris, chez)

55 — L'Elégance parisienne. Le Désagrément d'aller en Phaëton.

Pièce coloriée.

BAUDOUIN (d'après P.-A.)

56 — L'Amour à l'épreuve, par Beauvarlet (E. B., 5).

Très rare épreuve à l'état d'eau-forte pure.

BAUDOUIN (d'après P.-A.)

57 — Le Curieux, par P. Maleuvre.

Superbe et très rare épreuve avant toute lettre et avant l'encadrement. Dans cet état, le personnage que l'on aperçoit derrière la
porte a un rabat, lequel, ayant été couvert par des travaux, ne se voit
plus dans les états suivants. Toute marge.

58 — La même estampe.

Très belle épreuve, marge.

59 — L'Enlèvement nocturne, par N. Ponce (20).

Très belle et rare épreuve avant la lettre. Le coin du bas à droite
est restauré.

60 — Le Jardinier galant, par Helman. (E. B., 25.)

Très belle épreuve à l'état d'eau-forte pure. Très rare.

61 — Le Matin, — Le Midi, — Le Soir, — La Nuit. Suite de
quatre pièces faisant pendants, gravées par de Ghendt.
(32, 33, 35 et 46.)

Superbes et rares épreuves avant toute lettre et avec les tablette
indiquées par un simple trait. Les épreuves du Matin et du Soir, les
deux seules pièces de la suite qui aient des différences, sont avant les
changements, marges.

62 — Rose et Colas, par Simonet (42).

Très rare épreuve à l'état d'eau-forte, sans marge.

63 — La Sentinelle en défaut, par N. de Launay, 1771 (44.)

Très belle épreuve, marge.

64 — Les Soins tardifs, par N. de Launay (45).

Très belle épreuve, grande marge.

BEAUVARLET (J.-F.)

65 — *Du Barry* (Madame la Comtesse), en costume de chasse,
d'après Drouais. In-fol.

Très belle épreuve, sans marge.

BELJAMBE (P.)

66 — Psyché et l'Amour, d'après Renaud.

Très belle épreuve avant la lettre.

BERGERET (d'après)

67. — Suite complète de douze figures in-8, par Courbe, Duparc, Dupréel, Malbeste, Niquet, Pauquet et Pigeot, pour les Fables de La Fontaine.

Superbes épreuves avant la lettre, tiré de format grand in 4.

BERTALL (d'après)

68. — Obésité et maigreur, — Les Boissons, — Les Aliments, — Chasse et Pêche. Suite de quatre pièces gravées par Geoffroy.

Epreuves sur chine.

BERTHAULT

69. — Les Chanteurs des boulevards, — Les Diseurs de bonne aventure. Deux pièces faisant pendants. In-4, de forme ronde.

Très belles épreuves. Rares.

BINET (d'après)

70. — Suite complète de six gravures in-18, gravées par Blanchard pour : Les Amours de Psyché et Cupidon. 1796.

Très belles épreuves, toutes marges, imprimées à deux sur une même feuille.

BOILLY (d'après L.)

71. — L'Amusement de la campagne, — La Jardinière. Deux pièces en couleur faisant pendants, gravées par Tresca.

Très belles épreuves, marges.

72. — L'Attention, — La Précaution. Deux pièces faisant pendants, gravées par Tresca.

Très belles épreuves en couleur.

73. — Les Petits Soldats, — Les Petites Coquettes. Deux pièces faisant pendants, gravées par Gudin.

Très belles épreuves en couleur.

74. — La Tourterelle chérie, par Allais.

Très belle épreuve en couleur.

BOILLY (L.)

5 — Le Singe mendiant, lithographie en couleur.

Très belle épreuve, marge.

BOILVIN

76 — Suite de un portrait d'Amyot et six gravures d'après Prud'hon, pour Daphnis et Chloë. Paris, Lemerre. 1872.

Épreuves avant la lettre, sur chine volant, tirées de format in-4.

BONNET (L.-M.)

77 — *Marie-Antoinette*, archiduchesse d'Autriche, Dauphine de France, d'après Ktanzinger. Charmant petit médaillon gravé en couleur à la manière du pastel, dans une bordure, avec tablette en bas. In-12.

Magnifique épreuve avant toute lettre, d'une extrême rareté en cet état. Encadré.

78 — *Du Barry* (Madame la Comtesse), gravé en 1789. In-8, en couleur.

Superbe épreuve, très rare. Encadrée.

BONNET (A Paris, chez)

79 — Coiffures. Suite de huit bustes de jeunes femmes, numérotés de 473 à 480, imprimés à quatre sur une même feuille.

Superbes épreuves. Très rares.

80 — Le Repos de Diane, en couleur. ————

Superbe épreuve. Rare.

BONNEVILLE (A Paris, chez)

81 — Bastringue d'été.

Pièce coloriée. Rare.

BOREL (d'après A.)

82 — L'Indiscret, par Dequevauviller.

Épreuve à l'eau-forte pure, avant toute lettre, seulement les lettres A. P. D. R. tracées à la pointe sèche, sous le trait carré au milieu de la marge, avant l'encadrement et avant quelques changements, notamment dans le visage de la jeune femme couchée, dont l'expression est différente de celle des épreuves terminées. Très rare en cet état.

BOREL (d'après A.)

83 — Dans un riche et élégant intérieur, deux jeunes femmes couchées sur un lit, se fouettent avec des roses. Composition avec encadrement et tablette ornementée. Sous le trait carré, au-dessus de la tablette, on lit à droite, en caractères tracés à la pointe : Borel inv. et del.; à gauche : A. Giraud le jeune, aquaforti.

Epreuve à l'état d'eau-forte, extrêmement rare.

84 — Le Charlatan, par L'Éveillé. En couleur.

Superbe et très rare épreuve avant toute lettre et avant la bordure.

85 — L'Innocence en danger, par F. Huot.

Très belle épreuve, grande marge.

86 — Dix-sept figures in-18, par divers graveurs, pour les Idylles de Berquin. 1801.

Superbes épreuves avant les numéros, toutes marges.

87 — Suite complète de treize gravures in-8, dont un portrait, pour illustrer les œuvres de Regnard.

Très belles épreuves.

BOREL ET QUEVERDO (d'après)

88 — Vignettes in-8 et in-18, fleurons, etc., pour illustration. Dix pièces, en grande partie avant la lettre, et eaux-fortes.

Très belles épreuves.

BOSIO (d'après D.)

89 — Le Cache-Cache, — Les Oublis. Deux pièces faisant pendants, gravées par Schenker. En couleur.

Très belles épreuves du 1ᵉʳ état, avant la diminution des planches pour rentrer dans la suite : Le Bon genre.

90 — Les mêmes pièces en couleur.

Epreuves tirées du Bon genre.

91 — La Valse, — Et nous aussi j'valsons. Deux pièces faisant pendants. En couleur.

Belles épreuves, marges.

BOUCHER (d'après F.)

92. — Le Berger récompensé, par R. Gaillard.

Très belle et rare épreuve à l'état d'eau-forte, avant toute lettre.

93. — La Bouquetière Fanchonnette, par Ingram.

Très belle épreuve, toute marge.

94. — Le Départ du courrier, — L'Arrivée du courrier. Deux pièces faisant pendants, gravées par Beauvarlet.

Superbes épreuves avant toute lettre, marges.

95. — Jupiter et Léda, par Ryland.

Superbe et rare épreuve avant toute lettre, marge.

96. — Vertumne et Pomone, par Aug. de Saint-Aubin. —

Très rare épreuve à l'état d'eau-forte, avant toute lettre.

97. — Bergère au repos, par Demarteau (180).

Très belle épreuve.

98. — Jeune femme en buste vue de face, par L. Bonnet. En couleur.

Très belle épreuve.

99. — Vénus aiguise ses traits, — Vénus tenant le symbole de l'amour. Deux pièces ovales faisant pendants. En couleur.

Très belles épreuves. Rares.

100. — Quatorze gravures in-4, gravées par Lau. Cars, pour illustrer les œuvres de Molière. Edition in-4.

Très belles épreuves

101. — Suite complète de trente-cinq gravures in-8, dont un portrait et un fleuron de titre, pour les œuvres de Molière. Edition Lemerre.

Très belles épreuves avant la lettre, sur chine.

BOUYER (d'après R.)

102. — Salisbury (the Marchioness of), gravé par Car. Watson. 1790. In-4.

Très belle épreuve, marge.

BOYNE (d'après R.)

103 ⅙. Comic Readings, par C. Knight. En couleur.

Très belle épreuve.

BRACQUEMOND

104 ⅟₁₀. Suite de seize gravures in-8, dont un portrait, pour illustrer les œuvres de Rabelais.

Très belles épreuves avant la lettre, sur chine volant.

BRETON (à Paris, chez Mme)

105 ⅙. La Toilette du soir.

Très belle épreuve. Rare.

BUNBURY (d'après H.)

106 ⅙. A long minuet as danced at bath. Grande pièce en quatre planches en forme de frise.

Très belle épreuve en couleur, marge.

CARESME (d'après P^h.)

107 β. La Petite Thérèse, par J. Couché.

Très belle et rare épreuve à l'eau-forte pure, avant toute lettre, seulement les lettres A. P. D. R. tracées à la pointe sous le trait carré, grande marge.

108 ⅙. La Danse champêtre, — Les Plaisirs champêtres. Deux pièces faisant pendants, gravées en couleur par Wossinik.

Très belles épreuves.

109. Les Plaisirs du bain, par Jubier. En couleur.

Très belle épreuve.

CARICATURES

110. Réunion à la mode de 1801. En couleur. ———————

Très belle épreuve, marge.

2

CARINGTON-BOWLES

111. A Morning frolic, or the transmutation of sexes. In-fol.
en couleur.

Très belle épreuve.

CARY (J.)

112. Peregrine's explanation with his mistress, d'après Tre-
winyard, 1786.

Très belle épreuve imprimée en bistre, marge.

CATTELAIN (Ph.)

113. Portraits et sujets gravés à l'eau-forte. Neuf pièces.

Epreuves avant la lettre, sur japon.

CERONI

114. Portraits de personnages célèbres de l'époque
Louis XIV, hommes et femmes, d'après les émaux de
Petitot.

Très belles épreuves avant la lettre, sur chine.

CHALMANDRIER (N.)

115. Plan de la ville et des faubourgs de Paris.

Belle épreuve.

CHAPONNIER

116. Vestales. Deux pièces ovales faisant pendants. In-8,
en bistre.

Très belles épreuves avec marges.

CHARDIN (d'après J. B. S.)

117. Les Amusements de la vie privée, par L. Surugue
(E. B., 1).

Superbe épreuve, grande marge.

118. La Blanchisseuse, par C. N. Cochin (E. B., 6).

Très belle et rare épreuve du 1er état, avant toute lettre, à l'eau-
forte pure, marge.

CHARON

119. Voiture de l'empereur des Français le jour du couronnement.

Belle épreuve en couleur.

CHASSELAT (CH.)

120. Figure allégorique.

Dessin au lavis de sépia, signé et daté 1820 ; il est accompagné de la gravure.

CHAUVET

121. Frontispice où sont représentés les portraits de Boucher, Moreau, Eisen, Choffart, Cochin et Gravelot. Quatre épreuves, depuis l'eau-forte, jusqu'à l'épreuve terminée avec la lettre.

122. Suite de dix gravures in-18 pour Manon Lescaut.

Epreuves avant la lettre, sur chine.

CHEVAUX (d'après)

123. Le Secours urgent, — Le Traître découvert. Deux pièces en couleur faisant pendants, publiées chez Bonnet, sans nom de graveur.

Superbes épreuves. Très rares.

CHODOWIECKI (d'après D.)

124. Suite de un portrait et trente-cinq vignettes et fleurons. Gravés par Berger, pour Don Quichotte.

Très belles épreuves. Rare.

125. Vignettes in-8, pour le Paysan perverti de Restif. Douze pièces.

CHOFFARD (P.-P.)

126. Pièce commémorative d'un mariage, 1780. Gr. in-8, en bistre.

Très belle épreuve avant la lettre.

CHOFFARD (P. P.)

127 — Fleurons et en-têtes de pages pour illustrations. Cinq pièces.

Très belles épreuves avant la lettre et eaux-fortes.

128 — Fleuron pour un ouvrage in-fol.

Superbe épreuve tirée hors texte, toute marge.

129 — Vue du Port de Messine, cul-de-lampe pour le Voyage pittoresque de Naples et de Sicile, par Saint-Non.

Très belle épreuve tirée hors texte.

130 — Palissot (Ch.), lecteur de S. A. S. Mgr le duc d'Orléans. Deux portraits différents d'après Monnet.

Très belles épreuves avec marges.

COCHIN (d'après C.-N.)

131 — La Petite Charrière en couches, gravé par Saint-Non.

Très belle épreuve.

132 — Silvie délivrée par Aminte, par Martini.

Très belle épreuve, marge.

133 — La Clochette, — Frère Luce congédiant Agnès, — Le Faiseur d'oreilles et raccommodeur de moules, — Le Pâté d'anguilles, — Suite du Pâté d'anguilles, — La Chose impossible, — Frère Luce, — Les Oyes de frère Philippe. Huit pièces in-4 pour les Contes de La Fontaine, avec légendes en bas.

Très belles épreuves avec marges. Rares.

134 — Vignettes, — En-têtes de pages, — Fleurons, — Oraisons funèbres, — Armoiries, etc. Vingt-trois pièces.

Très belles épreuves avant la lettre, et eaux-fortes.

COCHIN, EISEN, MOREAU (d'après)

135 — Figures, — Vignettes et fleurons, gravés par Gaucher et Le Veau, pour les œuvres de M. de Saint-Marc. Sept pièces.

Epreuves tirées hors texte d'une édition moderne.

COSTUMES ET COIFFURES

ANONYME

41 - 136 Le Triomphe de la Coquetterie. Grande pièce satirique sur l'exagération des grandes coiffures au dix-huitième siècle. Coloriée.

Très belle épreuve.

BASSET (A Paris, chez)

122× 137 Costumes de l'époque du Directoire. Huit pièces in-4, en couleur. *V. 3.*

Très belles épreuves. Rares.

BOVINET.

10 - 138 Le Foyer du théâtre Montansier. In-8 en largeur.

Belle épreuve.

CHEREAU (A Paris, chez)

139 Costumes français. Seize pièces in-4, en couleur, d'une suite publiée à la fin du dix-huitième siècle.

Très belles épreuves. Rares. *V. 3. Gat*

40 - 140 Cinq pièces doubles de la suite précédente, en couleur.

Très belles épreuves.

DARLY (M.)

3 - 141 A Speedy and effectual preparation for the next World, — Ruins of Poll-Myra and Bell-Beck. 1777. Deux pièces.

Belles épreuves. Rares.

DEBUCOURT (d'après P.-L.)

26 142 Costumes de femmes. Trois sujets sur une même feuille, en couleur. *V. 3. ut*

Belles épreuves.

DESRAIS (d'après C.-L.)

143 Suite de douze petites vignettes, costumes d'hommes et de femmes, pour un almanach de poche.

Très belles épreuves. Rares. *V. 3. A.*

COSTUMES ET COIFFURES

DESRAIS (d'après C.-L.).

144 — Jeune dame de qualité vêtue d'une robe de satin, — Homme de qualité vêtu élégamment, — Jolie demoiselle en robe légère, — Jeune homme habillé en petit maître. Quatre pièces in-12.

Belles épreuves. Rares.

DESRAIS et LECLERC (d'après)

145 — Costumes tirés de la galerie des modes et costumes français. 1778. Cinq pièces imitations publiées rue Saint-Jacques.

Très belles épreuves avec marges. Rares.

DUHAMEL

146 — Costumes de femmes, tirés du cabinet des modes. 1785-1787. Douze sujets imprimés sur six feuilles en couleur.

Très belles épreuves avec marges.

HEIDELOFF (publié par N.)

147 — Gallery of fashion. 1794, 1795, 1797, 1798, 1801. Quarante planches et cinq titres en couleur.

Très belles épreuves.

LE DRU (A Paris, chez)

148 — L'Elégant au rendez-vous du Palais-Royal, — Le Petit Maître allant en bonne fortune, — Mlle des Faveurs aux Thuilleries, — L'Elégante Nymphe du boulevard, — L'Elégante à la promenade du Palais-Royal. Cinq pièces in-4 en couleur.

Très belles épreuves, grandes marges.

MARTIN (d'après C.)

149 — The worcks unfinished and niglected lie, par J.-F. Martin. In-4, imprimé en sanguine.

Très belle épreuve.

COSTUMES ET COIFFURES

PARROCEL (d'après A.)

150 Le Petit Maître, — L'Ecuyer. Deux costumes sur une même feuille, gravés à la sanguine par Bonnet.
Belle épreuve.

SPARROW

151 An elegant french dress. In-8.
Belle épreuve.

VERNET (d'après J.)

152 L'Officier en promenade du midi, — Promenade de l'après-diné. Deux pièces gravées par Le Bas.
Très belles épreuves.

VERNET (d'après H.)

153 Costume de ville de Mme Belmont dans Fanchon la Vielleuse. In-8 en couleur.
Très belle épreuve, marge.

WILLE (d'après P.-A.)

154 Cayer de jeux d'enfants. Suite de six pièces gravées à la sanguine par Courteille.
Très belles épreuves, toutes marges.

COSWAY (d'après R.)

155 Du Barry (la comtesse), gravé par Condé. 1794. In-8.
Très belle épreuve. Rare.

156 Cosway (Maria). In-4 en bistre.
Très belle épreuve.

COSWAY (d'après MARIA)

157 Innocence, par Phillips, en couleur.
Belle épreuve.

COTES (d'après F.)

158 Portrait de femme debout, la main gauche appuyée sur un vase de marbre, gravé par V. Green.
Superbe épreuve avant la lettre, grande marge.

COURTOIS (d'après)

159 L'Anglaise, — La Française. Deux pièces gravées à la
sanguine par Demarteau (318 et 335).

Très belles épreuves, toutes marges.

CREPY (A Paris-chez)

160 Le Pressant serment.

Très belle épreuve, imprimée en bistre, les figures et les mains en
couleur.

CURMER (publié par)

161 Vierges et Saintes dans des bordures ornementées.
Neuf pièces avant la lettre, sur chine.

DAMBRUN

162 Marie-Adélaïde-Clotilde-Xavière de France, d'après
Queverdo. In-4.

Belle épreuve, avec marge.

DAVESNES (d'après)

163 Les Cerises.

Très rare épreuve à l'état d'eau-forte pure.

DEBUCOURT (P.-L.)

164 Almanach national, 1791, dédié aux amis de la Consti-
titution, en couleur.
Très belle épreuve du premier tirage, avec le portrait de Louis XVI
au milieu du haut de l'encadrement.

165 La Rose mal défendue, 1791, en couleur.
Très belle épreuve.

166 La Croisée.
Très belle épreuve, en couleur.

167 Que vas-tu faire ? — Qu'as-tu fait ? Deux pièces en
couleur, faisant pendants.
Très belles épreuves, sans marges.

DEBUCOURT (P.-L.)

168 — L'Oiseau privé.
Très belle épreuve, marge.

169 — Le Songe réalisé, en couleur.
Très belle épreuve, grande marge.

170 — Le Café ambulant, — Le Marchand de galette. Deux pièces faisant pendants, en couleur.
Très belles épreuves.

171 — Composition in-4, tirée du roman Héro et Léandre, en couleur.
Superbe épreuve avant la lettre, marge.

172 — Mongolfière lancée à Tivoli, le 15 thermidor an VIII. Jolie pièce en couleur, très intéressante pour les costumes de cette époque.
Très belle épreuve.

173 — Le Gourmand. In-8 en couleur.
Très belle épreuve, marge.

174 — La même estampe.
Belle épreuve.

175 — Les Joueurs de boules, d'après C. Vernet, en couleur.
Superbe épreuve.

176 — La Perruque enlevée, d'après C. Vernet, en couleur.
Très belle épreuve, grande marge.

177 — Exercices de Franconi numéros 1 et 2. Deux pièces faisant pendants, d'après C. Vernet.
Très belles épreuves, en couleur.

DELATRE

178 — *Colombe* (Mlle), l'aînée, d'après Le Moine. In-8.
Très belle épreuve avant le numéro.

DENY (A Paris, chez)

179 ½. La Trahison du miroir, ovale en couleur.

> Belle épreuve.

DESENNE (d'après)

180 ½. Suite complète de quatorze gravures in-12, dont un portrait, gravées sur bois par Thompson pour Rabelais, publ. dans l'édition Desoer.

> Belles épreuves tirées hors texte sur chine volant.

181 ½. Suite complète de treize gravures in-8, dont un portrait, pour les œuvres de Regnard. Suite en double état, eaux-fortes et épreuves terminées avant la lettre.

> Très belles épreuves sur chine, tirées de format grand in-8.

182 ½. Diverses suites de gravures, fleurons et titres pour illustrations de livres vers 1840. Trente-sept pièces.

> Très belles et rares épreuves avant la lettre, et eaux-fortes.

DESENNE ET **MARILLIER** (d'après)

183 ½. Vignettes diverses pour illustrer les Mémoires de Grammont. Les quatre pièces, d'après Desenne, sont en double état, eaux-fortes et épreuves terminées.

> Très belles épreuves.

DESFRICHES

184 ½. Paysages, vues des environs d'Orléans.

> Quatre dessins au lavis d'encre de Chine et mine de plomb.

DÉSRAIS (C.-L.)

185 ½. Offrande à l'Amour.

> Dessin à la plume et lavis de sépia. In-8.

DESRAIS (d'après C.-L.)

186 ½. Les Nouveaux Epoux, par Mixelle. Entre la lettre et le titre, les lettres A. P. D. R.

> Superbe épreuve en couleur, d'une pièce très rare.

DESRAIS (d'après C.-L.)

187 Le Petit Maître en négligé d'hiver, — Le Militaire en quartier d'hiver, — L'Abbé galant, — Les Billets réciproques, — Le Repentir inutile, — Le Moment présent, — La Déclaration d'amour, — La Protestation d'amour, — Le Bouquet refusé, — Le Bouquet accepté, — Le Cocu battu, — Le Mari à la mode, — La Marchande de bouquets, — La bonne fête, — Le Tartare et la chambrière, — Le Sindic à la promenade, — La Blanchisseuse, — Le Charbonnier, — Le Baiser donné, — Le Baiser refusé, — L'Amour à la toilette, — La Toilette musquée, — La Joueuse de mandoline, — Le Bouquet refusé, — La Salutation, — Le Baiser de main.

Suite de vingt-six pièces en couleur publiées chez Bonnet. Très curieuses comme costumes et mœurs de cette époque. 1779. Superbes épreuves. D'une extrême rareté.

188 — Suite complète de vingt-quatre gravures in-18, par divers graveurs, pour illustrer les Contes de La Fontaine.

Superbes épreuves à toutes marges, imprimées à deux sur une même feuille.

DESRAIS et LE CLERC (d'après)

189 La Chute favorable, — Le Jeu de l'escarpolette. Deux pièces faisant pendants, gravées par Deny.

Belles épreuves, coloriées.

190 Coiffures. Quatre feuilles à quatre sujets sur la même planche, coloriées.

Très belles épreuves avant les numéros, marges. Ces quatre pièces et les suivantes sont tirées de : Galerie des modes et costumes français. Ouvrage commencé en l'année 1778. A Paris, chez les sieurs Esnauts et Rapilly.

191 Coiffures. Quatre feuilles à quatre sujets sur une même planche, coloriées.

Très belles épreuves avant les numéros.

192 Coiffures. Quatre feuilles à quatre sujets sur la même planche, coloriées.

Très belles épreuves avant les numéros, marges.

DESRAIS ET LE CLERC (d'après)

193 Coiffures. Quatre feuilles à quatre sujets sur une même planche, coloriées.

Très belles épreuves, dont trois avant les numéros.

194 Coiffures. Deux feuilles à quatre sujets sur une même planche, coloriées.

Très belles épreuves avant les numéros.

195 Costumes. Cinq feuilles des cahiers G. H. J. N. et Q., portant les numéros 38, 44, 49, 76 et 95. Coloriées.

Très belles épreuves, avec marges.

196 Costumes. Six feuilles des cahiers T. U. CC. DD. ff., portant les numéros 110, 115, 160, 163, 177, 178. Coloriées.

Très belles épreuves.

197 Costumes. Quatre feuilles portant les numéros 215 et 260, et deux pièces avant les numéros. Coloriées.

Très belles épreuves.

198 Costumes. Trois feuilles, d'après Watteau, portant les numéros 290, 303 et 305. Coloriées.

Très belles épreuves.

DESSINS

199 Compositions diverses, dessinées au crayon et au lavis, d'après Boucher et autres. Quatre pièces.

DEVERIA (d'après)

200 Suite de douze gravures in-8, dont un portrait, par divers graveurs, pour les œuvres de Rabelais. Edition Dalibon.

Très belles épreuves avant la lettre, sur chine, tirées de format in-folio.

DEVERIA ET DESENNE (d'après)

201 *a* Un portrait et une vignette in-8, pour les œuvres de Boufflers. Paris, Furne, 1827. Suite en double état, eau-forte et terminée avant la lettre. On y a ajouté le portrait de Boufflers, gravé par Fauchery, et une vignette in-32 d'après Desenne, gravée par Derly. En tout sept pièces.

202 — Réunion de vignettes et portraits pour les œuvres de Millevoye. Douze pièces.

Très belles épreuves avant la lettre, en partie sur chine.

DICKINSON (W.)

203 — The two friends, d'après C. Knight. Jolie pièce de forme ovale, imprimée en bistre, et publiée en 1783.

Superbe épreuve, avec marge.

DIVERS

204 *a* Psyché going to dress, — Amor and Psyché, — Médaillons pour Paul et Virginie, en couleur. Trois pièces gravées par Bartolonii, Stober et Guyot.

205 — *Bernard* (P. J.). — *Caradeuc de la Chalotais* (L. R.), — *Corneille* (Pierre), — *Dorat*, — *Estaing* (Ch. H. comte d'), — *Grimm* (le baron), — *Henri IV et Louis XV*, — *Joséphine* (impératrice), — *Latour d'Auvergne*, — *Leczinska* (Marie), — *Paoli* (Pascal de), — *Petit-Radel*, — *Rohan* (le cardinal de), — *Sévigné* (la marquise de), — *Trenck* (le baron de), — *Vertot*, — *Voisenon* (Cl. H. de Fusée de), etc. Dix-sept portraits in-8, gravés par Delvaux, Picart, Saint-Aubin, Barbié, Lecerf, De Longueil, Gaucher, Patas, Bouillard, Roger, Lebert, Langlois, Cathelin et Duflos.

Très belles épreuves.

206 — Titres, fleurons, encadrements pour adresses, etc. Sept pièces d'après Touzé, Martinet, etc.

Très belles épreuves avant la lettre.

DIVERS

207 Allégorie avec les portraits de Raphaël et Michel-Ange, gravé par Flipart, d'après Boucher, — La Bascule patriotique, — La Cuisinière, etc. Quatre pièces.

Belles épreuves.

208 Portraits de Victor Hugo, par Pollet, Mongin, Courtry, Monziès et Buhot. Six pièces, dont cinq sur chine avant la lettre.

209 Titres, vignettes pour les œuvres de Delvaux, et son portrait. Dix pièces gravées à l'eau-forte.

Très belles épreuves, en partie avant la lettre.

210 Réunion de vignettes et portraits pour illustrer les œuvres de Parny. Cinquante pièces par Chauvet, Monnet, Catel, Isabey, Deveria, Desenne, Johannot, Richter, Moreau, Cochin, Grim, Borel, etc.

Très belles épreuves, en grande partie avant la lettre.

211 Portraits de Th. Gautier et gravures pour ses œuvres. Six pièces en partie avant la lettre, sur chine.

212 Belle réunion de vignettes pour illustration, d'après Prud'hon, Boucher, Monnet, Laffitte, etc. Trente-trois pièces.

Très belles épreuves, en partie avant la lettre, et eaux-fortes.

213 Réunion de gravures, d'après Marillier, Monnet, David, Deveria, Desenne, Corbould, etc., pour illustrer les Mille et une nuits. Quarante-neuf pièces en grande partie avant la lettre.

Très belles épreuves.

214 Réunion de portraits et sujets pour illustrer l'histoire du Consulat et l'Empire. Quarante-deux pièces.

Epreuves avant la lettre, en grande partie sur chine.

215 Sous ce numéro, il sera vendu par lots deux portefeuilles de portraits et gravures pour illustration.

DREVET (P.-J.)

216 *Citernay du Fay* (Ch. J. de), d'après Rigaud,—*La Bruyère.*
Deux portraits in-8.

Belles épreuves.

DUFLOS (P.)

217 *Perrault* (Charles), d'après de Troy. In-8.

Très belle épreuve avant la lettre, grande marge.

DUGOURE (d'après D.)

218 — Le Lever de la Mariée, par Ph. Trière.

Très rare épreuve avant toute lettre, à l'état d'eau-forte pure,
marges.

DUMARAIS (d'après)

219 — Le Départ imprévu, — La Proposition. Deux pièces en
couleur faisant pendants.

Très belles épreuves, toutes marges.

DUPLESSIS-BERTAUX (d'après)

220 — L'Instant de la gaieté.

Très belle épreuve.

DUPLESSIS-BERTAUX ET BOREL (d'après)

221 — Frontispice, vignette, en-tête et portrait pour la Pucelle. Quatre pièces.

Belles épreuves, dont trois avant la lettre.

ÉCHARD

222 — Etudes de Paysages. Vingt-huit dessins au crayon et—
lavis de sépia.

ÉCOLE FRANÇAISE XVIIIᵉ SIÈCLE

223 — La Toilette du matin. Jeune femme s'occupant de sa
toilette intime, surprise par son amant. Pièce in-fol.
ovale.

Très rare épreuve à l'état d'eau-forte.

ÉCOLE FRANÇAISE XVIIIe SIÈCLE

224 — Jeune mère tenant sa fille dans ses bras. In-4, en bistre.

Très belle épreuve avant la lettre, marge.

225 — L'Éducation de l'Amour, — Le Baigneur. Deux pièces faisant pendants, avec légendes en bas.

Très belles épreuves. Rares.

ÉCOLE ANGLAISE XVIIIe SIÈCLE

226 — *Rutland* (la comtesse de), représentée assise sur une chaise. In-fol. en couleur, de forme ovale.

Très belle épreuve, remmargée.

ÉCOLE ANGLAISE XIXe SIÈCLE

227 — Portrait d'une jeune femme représentée debout, dans un salon, tenant un album et un crayon à dessin. In-fol. en pied.

Très belle épreuve avant la lettre.

EGINTON (F.)

228 — *West Betly* (H. W), jeune acteur âgé de treize ans. In-4, en bistre.

Très belle épreuve, marge.

EISEN (d'après Ch.)

229 — La Belle Nourrice, — La Jolie Fermière. Deux pièces faisant pendants, gravées par De Longueil.

Très belles épreuves, avec marges.

230 — Trente-quatre gravures in-8 pour les Contes de La Fontaine, édition dite des fermiers généraux.

Très belles épreuves, dont quelques refusées.

231 — Trois en-têtes et trois culs-de-lampe gravés par De Longueil, pour le tableau de la Volupté ou les Quatre parties du jour, par Du Buisson.

Très belles et rares épreuves avant la lettre, tirées hors texte.

EISEN (d'après Ch.)

232 Vignettes, fleurons et en-têtes, gravés par de Ghendt, Gaucher, De Longueil, Baquoy, Née, Le Mire, etc., pour illustrer divers ouvrages du dix-huitième siècle. Vingt et une pièces.

Très belles épreuves avant la lettre, tirées hors texte.

233 Frontispice in-fol. pour un livre religieux.

Rare épreuve à l'état d'eau-forte, avant toute lettre.

234 En-têtes et fleurons pour les Baisers de Dorat, dont le détail suit, en épreuves tirées hors texte :

1° En-tête du XVIII° baiser, gravé par De Longueil. Épreuve remmargée.

2° En-tête du X° baiser, gravé par Masquelier. Epreuve à l'état d'eau-forte.

3° En-tête du XI° baiser, gravé par C. Baquoy.

4° En-tête du XII° baiser, gravé par De Launay.

5° Fleuron du XV° baiser.

6° En-tête du XIX° baiser, gravé par De Launay. Deux épreuves avec grandes marges.

7° Fleuron du XX° baiser.

EISEN ET MARILLIÉR (d'après)

235 En-têtes et fleurons, gravés par de Ghendt et autres pour les œuvres de Dorat. Quatorze pièces.

Très belles épreuves, tirées hors texte.

FESSARD (M.)

236 Dorat. Petit buste dans un médaillon entouré d'amours et d'une muse, d'après Hoin. In-8.

Très belle épreuve, marge.

FICQUET (Etienne)

237 Chennevière, épreuve avec la faute, — Vadé, d'après Richard. Deux portraits in-8.

Belles épreuves.

3

FINLAYSON (J.)

238 — *Zamparini* (Miss), d'après N. Hone. In-fol.
Très belle épreuve avant la lettre.

FLAMENG (L.)

239 — Dix vignettes in-8 dont un portrait, d'après L. Leloir,
pour illustrer les œuvres de Molière, édition Jouaust.
Epreuves d'artiste, sur papier du Japon, signées du graveur.

FLAXMAN (d'après)

240 — L'Iliade et l'Odyssée d'Homère. Deux suites, l'une de
trente-neuf et l'autre de trente-quatre pièces, gravées
par Reveil.

FORTIER

241 — Veux-tu monter, mon bel homme?
Belle épreuve. Rare.

FRAGONARD (d'après H.)

242 — La Bonne Mère, par N. de Launay.
Très rare épreuve à l'eau-forte pure, avant toute lettre et avant
l'encadrement.

243 — La Chemise enlevée, par E. Guersant.
Superbe épreuve, toute marge.

244 — Ma Chemise brûle, par Aug. Le Grand.
Très belle épreuve, imprimée en bistre.

245 — La même estampe.
Très belle épreuve, en couleur.

246 — La Gimblette, par Bertony.
Très belle épreuve avant la dédicace, marge.

247 — L'Innocence inspire la tendresse, par Voisard.
Très belle épreuve avant la dédicace.

248 — Les Pétards. — Les Jets d'eau. Deux pièces faisant
pendants, gravées par Auvray.
Très belles épreuves.

FRAGONARD (d'après H.)

249 — Le Pot au lait, par N. Ponce.

Très belle épreuve, grande marge.

250 — Le Serment d'amour, par J. Mathieu.

Très rare épreuve à l'eau-forte pure, avant toute lettre.

251 — Le Verrou, par Mixelle, en couleur.

Belle épreuve, sans marge.

252 — Le Verre d'eau, par N. Ponce.

Très belle épreuve, grande marge.

253 — Bestiaux à la fontaine, gravé à l'eau-forte par Wleitz.

Belle épreuve.

FRAGONARD, LANCRET, etc. (d'après)

254 — Suite de quarante et une pièces, dont un portrait, gravé en réduction, pour illustrer les Contes de La Fontaine.

Epreuves avant la lettre, sur chine volant.

FREUDEBERG (d'après S.)

255 — Les Confidences, — Le Bal, — Le Coin de la cheminée. Trois pièces gravées en réduction in-12.

Belles épreuves.

256 — La Promenade du matin, — Le Lever, — Le Bain, — La Toillette, — La Visite inattendue, — L'Occupation. Six pièces gravées en réduction in-18, avec titre et tablettes en bas.

Très belles épreuves. Rares.

257 — La Félicité villageoise, par N. de Launay.

Très belle épreuve avant la dédicace, marge.

258 — Le Négociant ambulant, — Le Soldat en semestre. Deux pièces faisant pendants, gravées par Ingouf.

Très belles et rares épreuves à l'état d'eau-forte, marges.

G

259 La Main chaude, — Le Marché conclu. Deux pièces faisant pendants, imprimées en sanguine.

Très belles épreuves.

GAUCHER (Ch. E.)

260 Du Barry (la comtesse), d'après Drouais. In-8.

Très belle épreuve.

261 Montausier (Charles de Sainte-Maure, duc de), d'après Ferdinand. In-8.

Très belle épreuve, grande marge.

GAUTIER (d'après)

262 Marie-Louise, impératrice, en pied, d'après Pescorskyi. In-fol.

Très belle épreuve, coloriée.

GERMAIN (L.)

263 Vue d'une ville, avec rivière sur le devant.

Rare épreuve à l'état d'eau-forte, marge.

GONZÁLEZ (d'après)

264 Les Prémices de l'amour-propre, par C. Macret.

Superbe épreuve avant la lettre, grande marge.

GRAVELOT (d'après H.)

265 Suite de douze figures dans le costume anglais, divisée en deux séries de six planches, gravées par Truchy, Major et Grignion

Superbes épreuves. Très rares.

266 Gravures in-8 et in-18, pour l'Almanach iconologique, Boccace, etc. Quinze pièces.

Très belles épreuves, en partie avant la lettre, et eaux-fortes.

267 Estampes galantes des Contes de Boccace. Suite de vingt pièces dont un titre

Très belles et anciennes épreuves. Rares.

GREUZE (d'après J.-B.)

268 — L'Enfant gâté, par Maleuvre.

Superbe et rare épreuve avant la lettre, grande marge.

269 — Le Malheur imprévu, par R. de Launay.

Superbe et très rare épreuve avant toute lettre, non entièrement terminée, marge.

270 — La Pelotonneuse, par J. J. Flipart.

Très rare épreuve à l'état d'eau-forte, avant toute lettre.

271 — La Petite fille au chien, par Porporati.

Superbe épreuve, avec l'adresse de Greuze, rue Thibautaudé, toute marge.

272 — La Privation sensible, par J. B. Simonet.

Très rare épreuve avant toute lettre, à l'état d'eau-forte, toute marge.

273 — La Vertu chancelante, par Massard.

Superbe et très rare épreuve à l'état d'eau-forte, avant toute let t grande marge.

GUERIN (d'après F.)

274 — Qu'en pensez-vous ? — Les Plaisirs interrompus. Deux pièces faisant pendants, gravées par Romain Girard, en couleur.

Belles épreuves.

GUYOT

275 — Paysages dans douze petits médaillons, pour décoration de boutons, imprimés sur une même feuille, d'après Pernet, en couleur.

Très belle épreuve, marge.

HAID (A Augsbourg, chez)

276 — Coiffures. Douze bustes de jeunes femmes de format in-4, gravés à la manière noire, avec grandes coiffures de la fin du dix-huitième siècle.

Très belles épreuves, toutes marges.

HILLEMACHER (F.)

277 — Suite de cent quarante-sept vignettes en-têtes de pages, pour les œuvres de Molière, édition Scheuring.

Epreuves avant la lettre, sur chine.

HOPPNER (d'après J.)

278 — Princesse Amelia, par Caroline Watson. In-8.

Belle épreuve.

HOPWOOD

279 — Portraits in-18 de personnages illustres. Poètes et littérateurs français.

Très belles épreuves avant la lettre, sur chine.

HOSTER (d'après S. DE)

280 — *Billington* (Mrs). In-4, en couleur.

Belle épreuve.

HUET (d'après J.-B.)

281 — Le roi Louis XV, Louis XVI, Marie-Antoinette, le comte et la comtesse de Provence, le comte et la comtesse d'Artois, représentés en bustes dans des médaillons entourés de branches de palmier, de roses et d'amours, gravés aux trois crayons par Brigeau. In-fol.

Superbe épreuve avec marge. Très rare.

282 — L'Accord maternel, — Les soins maternels. Deux pièces faisant pendants, gravées en couleur par Bonnet.

Très belles épreuves.

283 — Les Adieux du fermier, — Le Départ d'une foire. Deux pièces faisant pendants, gravées en couleur par Jubier.

Très belles épreuves.

284 — La Belle Cachette, en couleur.

Très belle épreuve, grande marge.

285 — Le Berger couronné, en couleur.

Très belle épreuve, remmargée.

HUET (d'après J.-B.

17 × 286 — La Bergère bien-aimée, en couleur. ——————

Très belle épreuve, remmargée. *J'Aud.*

10 × 287 — Ce qui est bon à prendre est bon à garder, par A. Cha- ——
ponnier. *D. et*

Très belle épreuve, coloriée.

× 288 — La Chute de la Laitière.

Belle épreuve, marge. *Dur. Gth Liq. uh*

6 — 289 — Le Départ du fermier, — Le Retour de la fermière.
Deux pièces faisant pendants, gravées à l'eau forte.

Très belles épreuves, grandes marges.

× 290 — Le Départ du marché, par Legrand, en couleur.

Très belle épreuve, marge. *Am. Gth D. Gr*

3. × 291 — L'Enfantillage, gravé par L.-J. Allais. ——————

Très belle épreuve, marge.

9 — 292 — La Dormeuse, en couleur. ——————

Très belle épreuve, remmargée.

× 293 — La Jarretière, gravé en couleur par Bonnet. ——————

Très belle épreuve. *D. et*

× 294 — Le Jeune Berger, — La Jeune Bergère. Deux pièces
faisant pendants, gravées aux trois crayons par Demarteau (514-515). *D. Gt*

Très belles épreuves.

× × 295 — Jeune femme en buste, un fichu jeté sur ses cheveux,
gravé en couleur par Demarteau (594). *Bac. uh*

Très belle épreuve. *Corn. Ct*

10 × 296 — Les Laveuses, par Jubier, en couleur. ——————

Très belle épreuve. *D. Gg*

× 297 — Le Marchand de poisson, par Jubier, en couleur.

Très belle épreuve. *D. D.*

HUET (d'après J.-B.)

298 — Le Mouton chéri, gravé aux trois crayons, par Demarteau (434).

Très belle épreuve.

299 — Le Mouton chéri, par Demarteau, en couleur. ——

Belle épreuve.

300 — Nymphes et Satyre. Jolie pièce gravée à la manière du
lavis et imprimée en bistre.

Très belle épreuve.

301 — Offrande présentée par l'Amour à la Fidélité, — L'A-
mour offrant des présents à Arianne. Deux pièces faisant pendants, gravées par Bonnet, en couleur.

Très belles épreuves, marges.

302 — La Recherche des appas, par Dnarwell, en couleur.

Très belle épreuve.

303 — Offrande à l'Hymen, — Offrande à Vénus. Deux pièces
en couleur faisant pendants, gravées sous la direction
de Bonnet.

Belles épreuves.

304 — Retour du marché, par Auvray, en couleur.

Superbe épreuve.

305 — Toilette de Diane, gravé en couleur par L'Eveillé.

Très belle épreuve.

306 — La Toilette, gravé en couleur sous la direction de
Bonnet.

Très belle épreuve.

307 — Le Triomphe de Galathée, gravé en couleur sous la direction de Bonnet.

Très belle épreuve.

HUET (d'après J.-B.)

28 308 Vénus enflammée par l'Amour, — L'Amour prie Vénus. Deux pièces faisant pendants, gravées en couleur par Bonnet.

Très belles épreuves.

5 309 Vénus sur les eaux, gravé aux trois crayons par Demarteau.

Belle épreuve, remmargée.

22 310 Vénus sur les eaux, par L. Bonnet, en couleur.
Très belle épreuve.

IMBERT (d'après)

311 Le Bilboquet, par Mlle Papavoine, en couleur.
Très belle épreuve. Rare.

IONES

1 312 Vingt gravures in-8°, dont un portrait, pour illustrer les œuvres de Th. Moore

Très belles épreuves avant la lettre, sur chine.

ISABEY (d'après J.)

313 *Marie-Louise*, impératrice, gravé par Monsaldy. In-4° en couleur.

Très belle épreuve, toute marge.

20 314 Portrait du Roi de Rome. In-4°.
Très belle épreuve avant la lettre.

JANINET (F.)

315 Portrait de Mlle Bertin, modiste de Marie-Antoinette. In-8° ovale.

Magnifique épreuve de l'un des chefs-d'œuvre de la gravure en couleur, avec marge. Très rare. Encadré.

316 *Colombe* (Mlle) l'aînée, de la Comédie Italienne, en couleur.

Très belle épreuve du 1er état.

JANINET (F.)

317 — *Favart* (Mme), rôle de Roxelane. In-8° en couleur.
Très belle épreuve.

318 — La Toilette de Vénus, d'après F. Boucher, en couleur.
Superbe et très rare épreuve tirée avant la suppression de l'un des
amours, très grande marge.

319 — L'Amour, — La Folie. Deux pièces faisant pendants,
gravées en couleur d'après Fragonard.
Très belles épreuves.

320 — La Bacchante enivrée, d'après Carême, en couleur.
Superbe épreuve avant toute lettre.

321 — La Bacchante enyvrée, d'après Carême, en couleur.
Très belle épreuve, marge.

322 — Bacchus préside à la fête, d'après Carême, en couleur.
Belle épreuve.

323 — La Compagne de Pomone, d'après Saint-Quentin, en
couleur.
Très belle épreuve, sans marge.

324 — La Confiance enfantine, — La Crainte enfantine. Deux
pièces en couleur faisant pendants, d'après Freudeberg.
Superbes épreuves, avec marges.

325 — Pomone, d'après Saint-Quentin, en couleur.
Très belle épreuve avant toute lettre.

326 — Costume de Mme Saint-Aubin, dans Lucette et Lucas.
In-8° en couleur.
Très belle épreuve avant le numéro, toute marge.

327 — Cinq bustes de jeunes femmes, dont un tout petit, réu-
nis sur une même planche, en couleur.
Très belle épreuve.

JANINET (F.)

328 — Bustes de jeunes femmes, avec coiffures. Six pièces en couleur.

Belles épreuves, sans marges.

329 — Danaë, L'Amour, Le Chalet, Trois médaillons sur une même feuille, en couleur.

Très belle épreuve. Rare.

330 — Sommeil de Vénus, d'après Charlier, en couleur.

Très belle épreuve.

JEAURAT (d'après Et.)

331 — Le Joli Dormir, par E. Cl. Tournay, femme Tardieu. Portrait de Mme de Lalive de July.

Superbe et très rare épreuve du 1er état, avant toute lettre.

JOHANNOT (T.)

332 — Suite de dix gravures in-8° pour Werther.

Epreuves avant la lettre, sur chine.

333 — Pièces doubles de la suite précédente et autres. Sept pièces.

Epreuves avant la lettre, sur chine.

JOHANNOT (d'après A. et T.)

334 — Suite de douze vignettes, dont trois portraits : Virgile, Milton, Delille, pour les œuvres de Delille, publiées par Furne.

Très belles épreuves avant la lettre, sur chine, tirées de format in-fol.

335 — Suite de vingt-quatre gravures in-8° par divers graveurs, carte et un portrait ajoutés, pour les œuvres de Chateaubriand. Paris, Furne, 1882.

Très belles épreuves avant la lettre, sur chine, tirées de format in-fol.

336 — Suite de douze gravures in-8° pour les saints Évangiles, publiés par Curmer.

Epreuves avant toute lettre, sur chine, et avant les ornements, tirées de format in-4.

JOLLAIN (d'après)

337 — Le Bain, par Bonnet, en couleur. —————
Très belle épreuve.

JOUBERT (A Paris, chez)

338 — Sujets gracieux pour dessus de tabatières. Cinq compositions sur une même planche, en forme de frise.
Très belle épreuve, marge.

KAUFFMAN (d'après Angelica)

339 — La Tendre Mère, en couleur.
Très belle épreuve.

LA JOUE (d'après J. de.)

340 — Titre : Œuvres de Ph. Wouvermans, gravé par Moyreau.
Très belle épreuve, grande marge.

LAMBERT (d'après)

341 — L'Age agréable, — Le Larcin toléré. Deux pièces faisant pendants, gravées par J. C. Levasseur.
Superbes et rares épreuves avant la dédicace, marges.

LANG (d'après B.)

342 — L'Amant dangereux, par Demouchy.
Très belle épreuve.

LAVREINCE (d'après N.)

343 — La Balançoire mystérieuse, — Les Nymphes scrupuleuses. Deux pièces faisant pendants, gravées par Vidal (E. B., 9 et 42).
Très belles épreuves, toutes marges.

344 — Le Billet doux, par N. de Launay (10).
Très rare épreuve à l'eau forte pure, avant toute lettre et avant les armes. Dans cet état, le chat qui dort aux pieds de la jeune femme n'existe pas.

LAVREINCE (d'après N.)

345 Le Billet doux, par N. de Launay (E. B. 10).

Superbe épreuve avant toute lettre, seulement les noms des artistes gravés au burin et le titre : « Le Billet doux », tracé en petites capitales grises dans un nuage au-dessus des armes. Très rare.

346 Le Contre-Temps, par Dequevauviller (15).

Très belle et rare épreuve à l'eau-forte pure, avant toute lettre et avant l'encadrement, grande marge.

347 La même estampe.

Très belle épreuve.

348 Le Coucher des Ouvrières en modes, — Le Lever des Ouvrières en modes. Deux pièces faisant pendants, gravées par F. Dequevauviller (16 et 36).

Très belles et rares épreuves avant la dédicace.

349 Le Déjeuner anglais, par Vidal (17).

Très belle épreuve, en couleur.

350 Les deux Cages ou la plus heureuse, par de Bréa (19).

Superbe et très rare épreuve avant toute lettre.

351 La même estampe.

Très belle épreuve en couleur. Rare.

352 Ecole de Danse, par F. Dequevauviller (22).

Très belle épreuve, toute marge.

353 L'heureux moment, par N. de Launay (28).

Epreuve à l'état d'eau-forte pure, avant toute lettre et avant les armes, dont la partie supérieure est ménagée en blanc dans l'encadrement. Dans cet état, le petit chien n'existe pas, et la jeune femme a la jambe droite étendue sur le canapé. Extrêmement rare dans cet état.

354 Le Mercure de France, par Guttenberg le Jeune (38).

Très belle épreuve, marge.

355 Pauvre Minet, que ne suis-je à ta place, par Janinet, en couleur.

Superbe épreuve avec une grande marge, d'une extrême rareté.

LAVREINCE (d'après N.)

356 Les Nymphes scrupuleuses, par Vidal (E. B., 42).
Superbe épreuve du 3e état, toute marge.

357 Qu'en dit l'Abbé? par N. de Launay (51).
Très rare épreuve à l'état d'eau-forte, avant toute lettre, avant les armes et avant de nombreux changements dans les têtes des femmes et dans leurs coiffures, qui ont été modifiées dans les épreuves terminées.

358 Le Repentir tardif, par Le Vilain (52).
Très belle épreuve, grande marge.

359 La Séparation inattendue (E. B. 54), — Le Bandeau favorable (E. B. app. 1). Deux pièces en couleur faisant pendants.
Superbes épreuves avec marges. Très rares.

LAWRENCE (d'après Sir Th.)

360 *Fairlie* (Mrs.), gravé par Lewis. In-fol.
Très belle épreuve avant la lettre, sur chine.

361 *Mac-Donald* (Mrs.) par Samuel Cousins. In-fol.
Très belle épreuve avant la lettre.

LE BARBIER (d'après)

362 Frontispice pour les Métamorphoses d'Ovide. Gravé par Hulk.
Epreuve en double état, eau-forte et épreuve terminée avant la lettre.

363 Vignettes in-8 et in-48, pour divers ouvrages. Huit pièces.
Très belles épreuves avant la lettre.

LE BEAU

364 *Du Gazon* (Mme), de la Comédie Italienne. In-8.
Belle épreuve.

LE BEAU

365 *Maillard* (Mlle), de l'Académie royale de musique. In-8.

Très belle épreuve avant le numéro, toute marge.

366 *Raucourt* (F. A. M. de), actrice. In-8.

Très belle épreuve avant le numéro.

LE BRUN (d'après)

367 La Poésie, par Dambrun.

Superbe épreuve avant les noms des artistes, grande marge.

368 La Récréation du soir, par Dambrun.

Très belle épreuve.

LECLERC (d'après)

369 La Reine Marie-Antoinette en habit de cour de satin cerise, gravé par Patas. In-4 en pied.

Très belle épreuve, coloriée.

370 Femme en robe à la polonaise, remettant sa jarretière, — Robe à la polonaise d'étoffe unie et coqueluchon. Deux pièces in-8, imprimées en sanguine.

Très belles épreuves.

LE CŒUR (F.)

371 Gare l'eau !

Superbe épreuve en couleur. Très rare.

372 Néant à la requête, 1788, — Une Promesse ?... Ah ! laissez donc, 1787. Deux pièces faisant pendants, imprimées en bistre.

Superbes et très rares épreuves, du premier état, avec le nom de l'artiste écrit à la pointe au-dessous de la bordure à gauche. Les titres écrits en grandes lettres, sont à 25 millimètres de la bordure. En outre, l'épreuve de la première est tirée avant que le volant de la robe de la femme ait été rallongé, de manière à lui couvrir les genoux.

373 La Constitution française. Pièce allégorique in-fol, en hauteur, avec légende explicative en bas.

Superbe épreuve en couleur. Très rare.

LE CŒUR (A Paris, chez)

374 . Lindor et Zélia, — Bon, t'y voilà. Deux pièces en couleur faisant pendants.

Superbes épreuves, toutes marges.

375 . Prends-le, — S'il mordait. Deux pièces gracieuses de forme ovale faisant pendants, en couleur.

Très belles épreuves. Rares.

376 S'il cassait. Jolie pièce de forme ronde, en couleur.

Très belle épreuve. Rare.

377 Le Repos de la volupté. Jolie pièce en couleur de forme ronde.

Très belle épreuve, grande marge. Rare.

LECONTE (N.)

378 Amours. Suite de six pièces d'après Gérard.

Epreuves avant la lettre, sur chine.

LEFÈVRE (d'après)

379 Suite complète de vingt-cinq gravures in-18, dont un portrait gravé par Delvaux, pour Télémaque.

Superbes épreuves avant la lettre toutes marges, tirées de format in-8

LE GENDRE (d'après)

380 Hannetaire (Eugénie), actrice, représentée assise jouant de la harpe, gravé par Chevillet. In-fol.

Superbe épreuve avant la lettre, toute marge.

LE MIRE ET CHOFFARD

381 Henri IV et Louis XV, sur une même planche, — Louis XV, — Rossel (Aug. Louis de). Trois portraits in-8.

Belles épreuves.

LE PÈRE ET AVAULEZ (chez)

482 . Les Médecins botaniste et minéralogiste écrasés par le médecin à la mode. Bac.

Très belle épreuve, toute marge.

LEPICIÉ (d'après)

383 Le Ménage de bonnes gens, par De Longueil.

Très rare épreuve du 1er état, à l'eau forte pure, avant toute lettre.

LE PRINCE (J.-B,)

384 Les Sens. Suite de cinq pièces imprimées en bistre.

Très belles épreuves, toutes marges.

LE PRINCE (d'après)

385 L'Epagneul favori, — La Rose chérie. Deux pièces faisant pendants gravées en couleur par Ligé, sous la direction de Bonnet.

Très belles épreuves.

L'ESPINASSE (d'après le chevalier de)

385 Vue intérieure de Paris, représentant le port au blé, depuis l'extrémité de l'ancien marché aux veaux jusqu'au pont Notre-Dame, gravé par Berthault.

Très belle épreuve, marge.

LEVACHEZ (Ch. F.-G.)

386 *Marie-Antoinette* d'Autriche, reine de France, d'après Mme Le Brun, — *Louis XVI*, roi de France, d'après Duplessis. Deux portraits in-8, en couleur, gravés en 1792.

Superbes épreuves. Très rares. Encadrées.

387 *Louis XVI*, roi de France. In-8 en couleur.

Belle épreuve.

LOUIS

388 *Marie-Louise*, impératrice. Médaillon en couleur. ——

Très belle épreuve, toute marge.

LOUTHERBOURG (d'après P.-J. de)

389 L'Agneau chéri, — L'Amant curieux. Deux pièces faisant pendants, gravées par Le Veau.

Rares épreuves avant toute lettre, à l'état d'eau-forte, grandes marges.

MAITRE AU MONOGRAMME H. E.

390 Le Parnasse profané (B. t., xv, page 461, n° 4).
Belle épreuve.

MALLET (d'après)

391 L'Amour au couvent. In-4 en couleur.
Très belle épreuve, montée en dessin.

392 La Confidence.
Rare épreuve à l'état d'eau-forte.

MARILLIER (d'après C.-P.)

393 Offrande à Vénus, ou la Victime agréable, par de
Ghendt.
Très belle épreuve, marge.

394 Onze vignettes in-18, gravées par N. De Launay, pour
diverses éditions Cazin.
Très belles épreuves, dont six avant la lettre.

395 Titre du tome Ier des Fables de Dorat, en-têtes de
pages et fleurons pour les mêmes Fables. Vingt-cinq
pièces en épreuves avant la lettre, tirées hors texte.
Quatre sont à l'état d'eau-forte.
Très belles épreuves.

396 Suite complète de vingt-cinq gravures in-8, dont un
portrait gravé par Hubert, d'après Vivien, pour les
Aventures de Télémaque. Paris. 1796.
Superbes épreuves avant la lettre, toutes marges.

397 Gravures in-18 par divers graveurs, pour les œuvres
de Rousseau. Six pièces avant la lettre, plus quatre portraits de Rousseau, par Moreau, Dupreél, Barbié et
H. Dupont.
Très belles épreuves.

398 Belle réunion de vignettes in-8 et in-18, en-têtes et
fleurons pour divers ouvrages. Vingt-quatre pièces.
Très belles épreuves, en partie avant la lettre, et eaux-fortes.

MARIN (d'après L.)

399 The Pleasirs of Education. Jolie pièce en couleur dans une bordure rehaussée d'or.

Très belle épreuve.

400 The Charmes of the Morning. Pièce en couleur dans une bordure rehaussée d'or.

Très belle épreuve.

MERCIER (d'après P.)

401 Le Jeune Éveillé, par J. J. Avril.

Très belle épreuve, marge.

MILLAR (d'après G.)

402 Une jeune femme se confessant à un moine, gravé par Rob. Laurie.

Superbe épreuve avant la lettre.

MIXELLE (D.)

403 Le Roman, d'après Garneret, en couleur.

Superbe épreuve.

MOITTE (d'après E.)

404 Le Consommé, par Deny.

Très belle épreuve avec l'adresse du graveur, grande marge.

MONNET (d'après C.)

405 Suite de sept gravures in-8 gravées par Choffard, Dambrun, Delignon, de Ghendt et Lingée, pour Lucrèce.

Superbes épreuves avant la lettre, avec les bordures ornementées, de format in-folio.

406 Réunion de vignettes pour différents ouvrages du xviiie siècle. Vingt-neuf pièces.

Très belles épreuves.

MONSIAU, MARILLIER, MONNET (d'après)

407 — Suite complète de un portrait, gravé par Gaucher, et vingt et une figures par divers graveurs, pour la Pucelle. Paris, Didot, 1795.

Superbes épreuves avant la lettre, toutes marges. De format gr. in-4.

MOREAU (d'après L.)

408 — Vue du Pont de Neuilly, près Paris, gravé par Elise Saugrain, sous la direction de Moreau le jeune.

Très belle épreuve, marge.

MOREAU (J.-M.)

409 — Constitution de l'Assemblée nationale à Versailles, le 17 juin 1789 (E. B., 205).

Très belle et rare épreuve du 1er état, avant toute lettre, à l'état d'eau-forte.

MOREAU (d'après J.-M.)

410 — *Marie-Antoinette*, reine de France. En-tête de page pour les Annales de Marie-Thérèse, gravé par Gaucher.

Très belle épreuve avant la lettre.

411 — Couronnement de Voltaire, sur le Théâtre Français, le 30 mars 1778, après la sixième représentation d'Irène, par Ch. E. Gaucher (E. B., 261).

Très belle et rare épreuve du 1er état à l'eau-forte pure, avant les armes et avant l'encadrement et aussi avant les changements dans le buste de Voltaire et la physionomie des personnages à gauche.

412 — Les Vœux accomplis, par J. B. Simonnet. 1783. (E. B., 265).

Très rare épreuve du 1er état à l'eau-forte pure, avant toute lettre et avant les armes.

413 — Déclaration de la grossesse, par P. A Martini.
Très belle épreuve avec les lettres A. P. D. R.

414 — Deux vignettes-frontispices gravées par Le Mire, pour les Conversations d'Emilie, par Mme d'Epinay. 1781.

Très belles épreuves; le frontispice du deuxième volume est avant les noms des artistes.

MOREAU (d'après J.-M.)

415 — Suite de trois gravures in-8 gravées par Simonet et de Ghendt, pour illustrer une édition de Werther publiée en 1809.

Très belles épreuves avant la lettre.

416 — Suite de quatre gravures in-8 gravées par Née, Duclos, Masquelier et Delaunay, pour le Jugement de Pâris.

Très belles épreuves.

417 — Suite de vingt-cinq gravures in-8 et un portrait gravé par Ribault, d'après Rigaud, pour les œuvres de La Fontaine, édition de 1814.

Superbes épreuves avant la lettre, auxquelles on a ajouté le Passage du torrent, d'après Leguay, en épreuve également avant la lettre.

418 — Suite complète de huit gravures in-18 et un portrait, gravés par Delvaux, pour Psyché et Adonis de La Fontaine.

Superbes et rares épreuves avant la lettre, toutes marges.

419 — Vignettes in-8 pour les œuvres de Rousseau, éditions Poinçot et autres. Dix-sept pièces.

Très belles épreuves avant-la lettre.

420 — Titres des Grâces et des Chansons de La Borde, etc. Quatre pièces.

Belles épreuves.

421 — Réunion de gravures in-8 et in-12, pour les œuvres de Voltaire, La Borde, Gessner, Demoustier, Virgile, Fénelon, etc. trente pièces.

Très belles épreuves avant la lettre, et eaux-fortes.

MOREAU, DESENNE, DEVERIA (d'après)

422 — Suite de vingt-trois gravures in-8, dont un portrait, pour les œuvres de Delille.

Très belles épreuves avant la lettre, sur chine, tirées de format in-4.

MOREAU ET DUPLESSIS-BERTAUX (d'après)

423 — Collection de seize gravures des principaux événements de la Révolution française, pour illustrer l'Histoire de la Révolution française et l'histoire de France pendant le dix-huitième siècle, par M. Ch. Lacretelle.

Très belles épreuves, toutes marges, dans la couverture de publication.

MOREAU ET FREUDEBERG (d'après)

424 — C'est un fils, Monsieur! — N'ayez pas peur, ma bonne amie, — La Promenade du matin. Trois pièces gravées en réduction in-12.

Très belles épreuves avant la lettre.

425 — Estampes gravées par Dubouchet et de Mare, en réduction des estampes de Moreau du Costume physique et moral et des Contes de La Fontaine, publiées par Conquet. Huit pièces en épreuves d'essai.

MOREAU ET ZOCCHI (d'après)

426 — Suite complète de un portrait par Dupréel et dix-sept figures par divers graveurs, pour les œuvres de Virgile. Paris, Plassan, 1796.

Très belles épreuves avant la lettre, toutes marges.

427 — Trois pièces avant la lettre de la suite précédente, portraits et gravures diverses pour Virgile. Quatorze pièces.

MORLAND (d'après G.)

428 — Almeida. Jolie pièce en couleur, de forme ovale, avec vers en bas.

Très belle épreuve. Rare.

42 — La Douce attente. In-4, en couleur.

Très belle épreuve.

MORRET (J.-B.)

430 — Le Moine en pénitence, d'après Robert, en couleur.

Superbe épreuve avant la lettre, marge.

MOUCHET (d'après)

431 — Les Chagrins de l'enfance, par Le Cœur, en couleur.
Très belle épreuve. Rare.

432 — L'Illusion, par R. et D.
Superbe et très rare épreuve avant toute lettre, grandes marges.

433 — L'Illusion, par Darcis.
Superbe épreuve avant la lettre.

NOIPMANCEL

434 — Romance du petit page, dans le deuxième acte de la comédie intitulée : Le Mariage de Figaro. Pièce in-4, en bas la romance, — Autre scène de la même comédie, gravée par Maucler. Deux pièces.
Belle épreuve.

NANTEUIL (Célestin)

435 — Théâtre royal de l'Opéra-Comique, fête de nuit.

OUDRY (d'après J.-B.)

436 — Suite de soixante-douze figures, dont un portrait, gravées en réduction, pour les Fables de La Fontaine.
Epreuves sur chine volant, avant la lettre.

PARROCEL (d'après)

437 — Militaire couché dans la campagne.
Très belle épreuve avant la lettre, marge.

PATERRE (d'après J.-B.)

438 — Composition tirée du Roman Comique de Scarron. In-4 en largeur.
Rare épreuve avant toute lettre, à l'état d'eau-forte, marge.

PATERRE, OUDRY et LE MESLE (d'après)

439 — Onze gravures in-fol. en largeur, gravées par Audran, Scotin, Surugue, Jeaurat, Lepicié et Dupin, pour le Roman Comique de Scarron.
Très belles épreuves.

PAYE (R.-M.)

440 No dance no supper. 1792. En couleur.
Très belle épreuve.

PETERS (d'après S.-W.)

441 Lydia. Très jolie pièce gravée à la manière noire, par W. Dickinson.
Très belle épreuve. Rare.

442 A Parmesan Lady, — A Cremonese Lady. Deux pièces faisant pendants, gravées par J. R. Smith. 1776.
Très belles épreuves.

443 La Dévideuse, par Chevillet.
Superbe épreuve avant toute lettre, grande marge.

PFEIFFER

444 Portrait d'une princesse allemande, d'après Grassi. In-4, en bistre.
Très belle épreuve avant la lettre.

445 *Schœnfeld* (la Comtesse de), d'après J. Grassi. In-4.
Très belle épreuve.

PHILIPPOTEAUX

446 Collection de trois cent cinquante gravures, dessins de Philippoteaux, etc., pour l'Histoire du Consulat et de l'Empire, par M. A. Thiers. Paris, Lheureux, 1870.
Un des cinquante exemplaires sur papier de Chine.

PHILLIPS (H.)

447 Rosetta. Jolie pièce de forme ovale, imprimée en bistre et publiée en 1785.
Très belle épreuve, marge.

PICOT (A Londres, chez V.-M.

447 bis Le Toucher, — La Vue. Deux pièces in-4 de forme ovale, en couleur faisant pendants, publiés en 1781.
Très belles épreuves avant la lettre, marges.

PIGEOT

448 *ba* Portrait du docteur, d'après Meissonier, pour Paul et Virginie.

Epreuve avant la lettre, sur chine.

PORPORATI

449 Le Coucher, d'après Vanloo.

Superbe épreuve avant toute lettre.

PRUD'HON (d'après P.-P.)

450 La Famille indigente, par T. Caron.

Belle épreuve.

451 La Mère heureuse, par F. Girard.

Très belle épreuve avant la lettre.

QUEVERDO (F.-M.)

452 Un Sacrifice. Vignette in-4 en largeur, d'après Cochin.

Rare épreuve à l'état d'eau-forte.

453 Vignette in-4 en largeur, pour Télémaque, d'après Monnet.

Epreuve à l'état d'eau-forte, avant toute lettre.

QUEVERDO (d'après)

454 Céphise surprise près du bain, par Patas.

Très belle épreuve, toute marge.

455 Le Couché de la mariée, par Patas.

Très belle épreuve.

456 Nouvelle du Bien-aimé, gravé à l'eau-forte par Queverdo et terminé au burin par Romanet.

Très belle et rare épreuve à l'état d'eau-forte, petite marge.

457 La même estampe.

Très belle épreuve avant la dédicace.

QUEVERDO (d'après F.-M.)

458 — Suite complète de vingt-cinq gravures in-18, dont un portrait gravé par Gaucher, d'après Vivien, pour les Aventures de Télémaque, édition imprimée par Didot l'aîné 1796.

Superbes et très rares épreuves à l'état d'eau-forte, toutes marges.

RAMBERG (d'après R.-H.)

459 — Her Royal highness the Princess royal, gravé par P. W. Tomkins, élève de Bartolozzi. 1801. In-fol., en couleur.

Très belle épreuve.

460 — La Surprise du chevalier, en couleur.

Très belle épreuve. Rare.

READ (d'après C.)

461 — *Jones* (Miss), par J. Watson. 1777. In-fol.

Très belle épreuve.

REGNAULT (N.-F.)

462 — La Nuit.

Très belle épreuve.

REYNOLDS (d'après Sir J.)

463 — The Girl and Kitten, par F. Bartolozzi, en couleur.

Belle épreuve.

464 — Hebé, par John Jacobi. In-fol., en couleur.

Très belle épreuve.

465 — A Lady and Child, par J. Grozer, en couleur. 1787.

Très belle épreuve. Rare.

466 — *Delme* (The right Honourable Betty), gravé par V. Green. In-fol.

Très belle épreuve.

467 — *Lifford* (James Hewitt, Viscount), par R. Dunkarton. In-fol.

Très belle épreuve.

468 — *Parker* (The honourable Mrs.). In-fol. en pied, gravé par Th. Watson.

Très belle épreuve, marge.

RISING (d'après J.)

469 Ballad Singers, par J. Jones. 1798. En couleur.

Très belle épreuve.

RYLAND (W.)

470 Infancy. Pièce in-4, de forme ronde, imprimée en bistre. 1776.

Très belle épreuve, marge.

471 La Sultane dans l'attente. 1775.

Très belle épreuve imprimée en bistre.

SAINT-AUBIN (Aug. de)

472 Louise-Emilie, baronne de *** (Mme de Breteuil), — Adrienne Sophie, Marquise de *** (Mme A. de Saint-Aubin). Deux pièces faisant pendants (E. B., 7 et 72).

Très belles épreuves.

473 The first come best served (le premier arrivé est le mieux servi), — The place to the first occupier (La place est au premier arrivant). Deux pièces faisant pendants, gravées en couleur par A. Sergent (E. B., 404, 405).

Superbes épreuves d'une très grande fraîcheur, grandes marges. Très rares de cette qualité.

SAINT-AUBIN (d'après G. de)

474 L'heureuse mère, par Sergent et Gautier (413).

Très rare épreuve du 1er état, avant toute lettre.

475 Le Réfractaire amoureux (457).

Belle épreuve.

476 Ballet dansé au théâtre de l'Opéra dans le Carnaval du Parnasse, — La Guinguette, divertissement pantomime du Théâtre Italien. Deux pièces faisant pendants, gravées par F. Basan.

Très belles épreuves.

SAINTE BIBLE

477 — Suite de trente-trois gravures in-8, d'après divers artistes, pour illustrer la Bible publiée par Garnier.

Epreuves d'artiste, avant la lettre, sur chine, tirées de format in-folio

478 — Suite de trente-deux gravures in-8, d'après les grands maîtres, pour la Bible publiée par Furne.

Très belles épreuves avant la lettre, sur chine.

SAINT-QUENTIN (d'après)

479 — Les Saisons. Suite de quatre pièces, gravées par Patas et Hemery, pour une édition in-4 des Saisons.

Très belles épreuves tirées hors texte.

480 — Suite complète de cinq figures in-8, gravées par Malapeau et Roy, pour la Folle Journée ou le Mariage de Figaro.

Très belles épreuves, toutes marges ; on y a joint la 5e figure de l'édition de Kehl, gravée par Liénard, et le portrait de Beaumarchais, gravé par Le Roy.

SAVART (P.)

481 — Catinat, — Christian VII, roi de Danemark, — Deshoulières (Mme), d'après Mlle Chéron, — Montesquieu. Quatre portraits in-8.

Belles épreuves.

SAYER (à Londres chez R.)

482 — Du Barry (Madame la comtesse). In-8 en manière noire.

Très belle épreuve.

483 — The introduction. 1781. En couleur.

Très belle épreuve.

484 — The Lovers. 1786. Jolie pièce en couleur.

Très belle épreuve.

)SCHALL (d'après F.)

485 — Le Panier renversé, par L. Buisson.

Superbe et rare épreuve avant la lettre, en couleur.

SCHALL (d'après F.)

486 Le Portrait chéri, par Bonnet, en couleur. —
Très belle épreuve.

487 Le Souvenir agréable, par Vidal, en couleur.
Très belle épreuve.

SCHENAU (d'après J.-E.)

488 La Lanterne magique, par J. Ouvrier.
Superbe et rare épreuve avant toute lettre.

SERGENT (A.-F.)

489 Il est trop tard.... 1789.
Superbe et rare épreuve avant la lettre, en couleur.

490 La même estampe, en couleur.
Très belle épreuve, remmargée.

491 The Day's folly, en couleur.
Superbe épreuve, toute marge.

492 Le Royal-Allemand aux Tuileries, — Le peuple parcourant les rues avec des flambeaux. Deux pièces grand in-8 en couleur, tirées de Tableaux des révolutions de Paris depuis 1789.
Superbes épreuves avant la lettre. Très rares.

493 Vue du château du Luxembourg du côté du jardin, — Vue de la Porte Saint-Martin, — Vue du jardin du Palais-Royal, avec le nouveau cirque. Trois pièces gravées en couleur, par Le Campion.
Très belles épreuves.

494 *Haüy* (Valentin). In-4 en couleur.
Très belle épreuve avant les noms des artistes.

495 *Necker*, d'après Duplessis. In-4 en couleur.
Très belle épreuve.

SERGENT (A.-F.)

496 Portraits des grands hommes, Femmes illustres et sujets mémorables de France, gravés et imprimés en couleurs, dédiés au Roi. A Paris, chez Blin, maître-imprimeur en taille-douce, 1776-1792. Trois volumes in-4, veau mar.

Très précieux exemplaire, contenant 192 planches et le titre, ainsi qu'un titre-prospectus à chaque volume, imprimé sur papier bleu.

On a ajouté à cet exemplaire trente-cinq dessins originaux de Sergent, dont : 1° le dessin du titre, à la sépia; 2° trente-trois portraits dessinés aux crayons de couleur ou à l'aquarelle; 3° le sujet historique représentant le Combat du vaisseau *le Tonnant*.

A la fin du troisième volume, se trouve : Mémorial pittoresque de la France, ou Recueil de toutes les belles actions, traits de courage, de bienfaisance, de patriotisme et d'humanité, arrivés depuis le règne de Henri IV jusqu'à nos jours, par M. L. B., avec des planches gravées en couleur par M. de Machy, d'après les dessins de plusieurs célèbres artistes. Ouvrage proposé par souscription et dédié à M. le vicomte de Vaudreuil, grand fauconnier de France. A Paris, de l'imprimérie de Monsieur, 1786. Suite de dix pièces en couleur avec texte correspondant à chaque sujet.

SHELLEY (d'après S.)

497 Lavinia and her mother, gravé par T. Ryder.

Très belle épreuve imprimée en bistre, marge.

498 Sage (Mrs), gravé par T. Burke, 1785. In-8 en bistre.

Très belle épreuve.

SIMON (Peter)

499 Tom Jones, d'après Downman, 1789.

Très belle épreuve.

SMITH (J.-R.)

500 Nature, d'après Ramsay, 1784. In-fol. en couleur.

Très belle épreuve.

501 Jeune Femme assise sur un siège de gazon. In-8.

Très belle épreuve.

502 The Merry Story, 1785. En couleur.

Très belle épreuve.

SMITH (J.-R.)

503 — Wood-Nymph, d'après Woodford, 1787. In-4 en bistre, de forme ovale.

Très belle épreuve, marge.

504 — Armstrong (Mrs). In-4 en couleur.

Très belle épreuve.

SMITH (J.-R.) ET WARD (W.)

505 — A Visit to the Grandmother, — A Visit to the Grandfather. Deux pièces faisant pendants gravées à la manière noire, d'après Northcote et J. R. Smith, en couleur. 1785-1788.

Superbes épreuves avec marge.

SPOONER (Ch.)

506 — Dawson (Nancy). In-fol. en couleur.

Très belle épreuve.

STEE (P.)

507 — Dawkens (Miss Salethea), d'après J. Foer. In-fol. en couleur.

Très belle épreuve.

STOTHARD (d'après)

508 — Faire Emmeline, par Simon. 1787.

Très belle épreuve.

509 — Suite complète de trente-neuf gravures in-18, dont un portrait, pour les œuvres de Shakespeare. Londres, Pikering, 1839.

Superbes épreuves avant la lettre, sur chine, tirées de format in-4. Trois pièces sont avec la lettre.

TAUNAY (d'après)

510 — Foire de Village, — Noce de Village, — La Rixe, — Le Tambourin. Suite de quatre pièces faisant pendants, gravées par Descourtis.

Superbes épreuves. Les deux premières sont en premier tirage, avec les armes.

TAUNAY (d'après).

544 — Noce de village, par Descourtis. En couleur.

Très belle épreuve, sans marge.

512 — Foire de village, par Descourtis. En réduction.

Très belle épreuve avec marge, en couleur.

TURNER (d'après)

513 — Suite de vingt et une gravures gravées par Finden, pour illustrer la sainte Bible.

Très belles épreuves, sur chine.

514 — Vues gravées par Finden, pour illustrer les œuvres de Byron. Vingt-cinq pièces.

Épreuves avant la lettre, tirées de format in-folio.

UWINS (d'après)

515 — Frontispices et fleurons de titres, pour éditions anglaises. Dix-huit pièces, en partie avant la lettre, imprimées sur neuf feuilles.

VALET (d'après)

516 — Ques-là, par Aug. Le Grand.

Très belle épreuve.

VANGELISTY

517 — La Toilette de Vénus, pièce ovale en largeur.

Très belle épreuve, en couleur. Rare.

VAN-GORP (d'après)

518 — C'est papa, par R. de Launay.

Très rare épreuve à l'état d'eau-forte, avant toute lettre, et avant le fleuron, dont la partie supérieure est ménagée en blanc dans l'encadrement.

VAN LOO (d'après C.)

519 — La Comédie, — La Tragédie. Deux pièces faisant pendants, gravées par Salvador.

Superbes et très rares épreuves à l'état d'eau-forte, avant toute lettre, grandes marges.

VARIN (G.)

520 Les Soins rustiques, — Occupations champêtres. Deux pièces faisant pendants.

Très belles épreuves, marges.

521 Les mêmes estampes.

Très rares épreuves à l'état d'eau-forte.

VERNET (d'après C.)

522 Costumes modernes français et anglais, par Levachez. En couleur.

Superbe épreuve, avec marge.

VILLENEUVE (D.)

523 Angélique. Joli buste de jeune femme dans un médaillon ovale.

Très belle épreuve en couleur, marge.

VINKELES (R.)

524 Grand bal donné à Amsterdam le 2 juin 1768.

Belle épreuve.

525 Fête de la Liberté, célébrée à l'occasion de l'inauguration de l'arbre de la liberté à Amsterdam, 1795, d'après Kuyper.

Superbe épreuve avant toute lettre non entièrement terminée, marge.

526 Autre pièce sur le même sujet.

Rare épreuve à l'état d'eau-forte, grande marge.

WALLIS (d'après G.)

527 Emma, — Jessy. Deux pièces ovales faisant pendants, gravées par W. Sedgwick.

Très belles épreuves.

WARD (W.)

528 Hésitation. In-4 en couleur, de forme ovale. 1786.

Superbe épreuve, remmargée.

5

WARD (W.)

529 Louisa. In-4, de forme ovale. 1786. —
Très belle épreuve. Rare.

530 Louisa. In-4 en couleur, de forme ovale. 1786.
Très belle épreuve.

531 The Lovely brunette. In-4 en couleur, de forme ovale.
Très belle épreuve remmargée.

532 Miss Brown, actrice. In-4 en bistre.
Très belle épreuve avant la lettre.

WESTALL (d'après)

533 Suite de cinq gravures in-18, pour le Vicaire de Wakefield, de Goldsmith.
Épreuves avant la lettre, sur chine. Rares.

WESTALL (GENRE DE)

534 Douze gravures in-12, pour le Vicaire de Wakefield, de Goldsmith. Londres, chez MM. Rimell et fils.
Très rares épreuves avant la lettre, sur chine, tirées de format in-fol.

WHEATLY (d'après F.)

535 Henry and Jessy, par Hogg. 1786. En couleur.
Très belle épreuve, marge.

536 The Soldiers return, — The Sailor's return. Deux pièces faisant pendants, gravées par W. Ward et publiées en 1787. En couleur.
Très belles épreuves.

WILLE (J.-G.)

537 La Tricoteuse hollandaise, d'après Mieris. 1757. (Lebl., 63.)
Superbe et rare épreuve avant la lettre, grande marge.

WILLE (J. G.)

538. — Prevost (Antoine-François), d'après Cochin. In-8.

Belle épreuve.

WILLE (d'après P.-A.)

539. Le Marchand de Tisane, — Le Marchand de Chansons.
Deux pièces faisant pendants, gravées en couleur par
Berthault.

Superbes épreuves. Rares.

WOCKER (M.)

540. Costumes suisses. Dix-huit médaillons sur une même
feuille, pour boutons et dessus de boîtes. En couleur.

Très belle épreuve, marge.

Imprimerie D. Dumoulin et Cie, à Paris.

PARIS

IMPRIMERIE D. DUMOULIN ET Cie

5, RUE DES GRANDS-AUGUSTINS, 5

9 782014 463644